BEI GRIN MACHT SICH |
WISSEN BEZAHLT

- Wir veröffentlichen Ihre Hausarbeit,
  Bachelor- und Masterarbeit

- Ihr eigenes eBook und Buch -
  weltweit in allen wichtigen Shops

- Verdienen Sie an jedem Verkauf

Jetzt bei www.GRIN.com hochladen
und kostenlos publizieren

Bibliografische Information der Deutschen Nationalbibliothek:

Die Deutsche Bibliothek verzeichnet diese Publikation in der Deutschen National-
bibliografie; detaillierte bibliografische Daten sind im Internet über http://dnb.d-
nb.de/ abrufbar.

Impressum:

Copyright © 2017 GRIN Verlag, Open Publishing GmbH
Druck und Bindung: Books on Demand GmbH, Norderstedt Germany
ISBN: 9783668621398

Dieses Buch bei GRIN:

https://www.grin.com/document/387996

Anette Henrich

Eine Bilderbuchbetrachtung zur Förderung sozialemotionaler Kompetenzen in der Kita

"Ich war das nicht!" von Lydia Hauenschild und Antje Bohnstedt

GRIN Verlag

Inhalt

1. Die Situationsanalyse 2

   1.1. Die SPA.. 2

   1.2. Erkenntnisse im Hinblick auf einzelne Kinder oder.................. 3

   die Gruppe 3

   1.3. Bezug des Themas zum Rahmenplan der Einrichtung............... 5

   1.4. Bezug des Themas zum Bildungsplan 7

   1.5. Zielgruppe 12

2. Die Sachanalyse.. 17

   2.1. Didaktische Analyse 17

   2.1.1. Allgemeiner Didaktischer Schwerpunkt und Bedeutung für die Zielgruppe ... 17

   2.1.2. Ausgewählte didaktische Elemente und Bedeutung für die Zielgruppe 19

   2.1. Methodische Analyse 21

3. Zielsetzung... 25

4. Planung und Durchführung 26

   4.1. Material- und Medienauswahl.. 26

   4.2. Raumplanung 26

5. Literatur... 27

6. Verlaufsplan 28

7. Anlagen.. 36

1. Die Situationsanalyse

1.1.   Die SPA

Bei meinem heutigen sozialpädagogischen Angebot handelt es sich um eine Bilderbuchbetrachtung mit dem Titel: „Ich war das nicht!". Mit Hilfe eines Kamishibai Er-
zähltheaterkastens, in welchem große Bildkarten ohne sichtbaren Text systematisch
und fortlaufend dem Inhalt der Geschichte entsprechend angeordnet sind, dürfen die
Schulanfängerkinder, die ich bewusst für das Angebot ausgewählt habe (siehe Punkt
1.2.), beim Betrachten der Bildkarten ihrer Interpretationsfreude und ihrer Fantasie
freien Lauf lassen. Mit der Methode des dialogischen Vorlesens werden wir gemeinsam versuchen, die Kernaussage der Geschichte zu erarbeiten. Der Text befindet
sich zur Orientierung für die Erzieherin auf der Rückseite des Deckblattes. In der Geschichte geht es um Freundschaft, Streit und Versöhnung und um Konfliktlösung. Es
geht um Situationen, denen Kinder in ihrer alltäglichen Lebenswelt begegnen und die
häufig aus kindlicher Sicht nicht einfach zu bewältigen sind. Obwohl die Geschichte
vorgegeben ist, haben die Kinder die Möglichkeit, ihre Gedanken und Ideen zu neu-
en, „eigenen" Inhalten zu formen, die allerdings, mit Hilfe der Erzieherin, der Kernaussage der vorgegebenen Geschichte entsprechen sollte. Die SPA gestaltet sich
somit relativ offen, wenngleich auch die ausgewählten Ziele (siehe Punkt 3.: Zielsetzung) idealerweise erreicht werden sollten.

Zum Inhalt: Als Klara ihren Freund Leo besucht, entdeckt sie in seinem Zimmer
ganz oben im Regal einen großen bunten Elefanten, der aus Bausteinen zusam-
mengesetzt ist. Damit möchte Klara spielen, aber Leo erlaubt es nicht. Als Leo kurz
aus dem Zimmer geht, zieht sie den Elefanten aus dem Regal. Da fällt ihr der Elefant
aus der Hand und zerbricht in tausend Teile. Leo ist „superoberwütend". Was soll
Klara bloß machen, damit sie und Leo wieder froh werden?

Die SPA wird idealerweise in der „Kinderbibliothek", welche sich im Gruppenraum
befindet, durchgeführt. Unterstützend werden zwei Stoffpuppen und einige Bausteine

aus der Bauecke eingesetzt, die einerseits für den szenischen Einstieg beziehungsweise für die Hinführung vorgesehen sind, andererseits den Kindern für anschließende Rollenspiele zur Verfügung stehen sollen. Sie dürfen auch durchaus während der SPA benutzt werden, wenn die Kinder „Lösungen vorspielen" und/oder ihren eigenen Ideen einen darstellenden Ausdruck verleihen möchten. Den Impuls hierfür werde ich situationsorientiert setzen, wenn ich merke, dass sie Schwierigkeiten haben, die richtigen Worte zu finden oder wenn sie ihren Ideen einen besonderen Ausdruck verleihen möchten.

1.2. Erkenntnisse im Hinblick auf einzelne Kinder oder die Gruppe

Grundlagen für die thematische Auswahl der Bilderbuchbetrachtung waren unter Anderem die wiederholt gemachten Beobachtungen in der Bauecke der ***gruppe. Obwohl sich die Spielsequenzen in der Bauecke überwiegend harmonisch gestalten und sich die Kinder in der Regel bezüglich der Spielmaterialien und der Spielideen gut absprechen, kommt es dennoch das eine oder andere Mal zu Konfliktsituationen, die ohne die Hilfe der Erzieherin in einen Streit ausarten, den die betroffenen Kinder alleine nicht mehr lösen und beenden können. Gerade einige Schulanfänger der ***gruppe haben neuerdings häufig Schwierigkeiten, sich in angemessener Weise, obwohl sie über bereits gut ausgeprägte Sozialkompetenzen verfügen, auszudrücken und zu verhalten. Die Differenzen eskalieren oft und machen ein Eingreifen der pädagogischen Kraft erforderlich. Meine Beobachtungen und der Austausch mit Erzieherinnen der Gruppe führten schließlich zu der Vermutung, dass der bevorstehende Wechsel in die Schule und das Ende der Kindergartenzeit die Kinder sehr beschäftigt, sie zum Teil überfordert und dies ein Grund für ihr Verhalten sein könnte. Dies soll nun intensiver beobachtet werden. In der Selbstreflexion haben wir festgestellt, dass auch wir unbewusst in gewisser Weise dazu beitragen. Äußerungen wie: „Du bist jetzt ein Schulanfänger, das musst du doch können!" oder „Löse das jetzt mal selber, du willst doch ein Schulanfänger sein!" tragen unbeabsichtigt dazu bei, dass Kinder sich unter Druck setzen und bestimmte Verhaltensweisen, so wie ich sie unter Anderem in der Bauecke beobachtet habe, als Verarbeitungsmethode, Abwehrmechanismus und/oder Ventil genutzt werden. Sie signalisieren die (oft tränenreiche) Hilflosigkeit und Überforderung der Kinder. Mit der heutigen SPA biete ich den Kindern eine Hilfestellung an, die sie, weil sie die Lösung des Problems in der Geschichte selbst erarbeiten können, künftig auch auf ihre eigenen Situationen im Kindergartenalltag und auf ihre kindliche Lebenswelt übertragen können. Darüber hinaus wurde innerhalb des Teams vereinbart, dass o.g. Formulierungen vermieden werden und das Thema Transition verstärkt in den Kindergartenalltag integriert wird, um den Kindern einen gelingenden Übergang in die Schule zu ermöglichen.

Eine weitere Grundlage für die Auswahl der SPA ist die Freude und das Interesse, gerade der Schulanfängerkinder, am Medium Buch. In der, mit den Kindern zusammen, neu gestalteten Leseecke, von allen fortan Kinderbibliothek genannt, halten sich die Kinder der gerne und ausdauernd auf. Bei der Gestaltung der Kinderbibliothek flossen viele Ideen der Vorschüler mit ein, die umgesetzt wurden und einen hohen Aufforderungscharakter bewirkten. „Highlight" ist das Themenregal, in welchem, immer passend zu aktuellen Themen beziehungsweise zu dem, was die Kinder gerade in besonderem Maße beschäftigt, viele Bilderbücher, Sachbücher und Wimmelbücher zu finden sind. Es wird darauf geachtet, dass für alle Altersgruppen entsprechende Bücher dabei sind. Im Hinblick auf meine gemachten Beobachtungen und die im Team getroffene Vereinbarungen kann ich das Regal als ideale Ergänzung nutzen, um Themen wie „Ich komme in die Schule", aber auch „Freundschaft, Streit und Versöhnung" als Impuls in Form von Büchern zu setzen. Ich signalisiere den Vorschülern somit das Interesse für sie und gehe auf ihre Befindlichkeiten ein. Geordnet und gepflegt wird die Bibliothek von sogenannten Bücherexperten. Auch diese Idee kam von den Schulanfängern, die diese Funktion übernommen haben, die Erzieherin nimmt lediglich die Rolle der Assistentin ein.

Die dritte, für mich persönlich wichtige Grundlage für die methodische Überlegung bezüglich der Planung der SPA war die ausgeprägte Fantasie der Kinder beim Geschichten erzählen und erfinden, beim Bücher betrachten und Bilder interpretieren. Ist das Interesse der Kinder für ein bestimmtes Buch geweckt, vertiefen sie sich in die Bilder, tauchen quasi ab in eine andere Welt, erkennen aber im Umkehrschluss oft den Bezug zu ihrer eigenen Lebenswelt und drücken diesen über die Betrachtung der Bilder/Bücher hinaus auf vielfältige Weise in ihrem Kindergartenalltag wieder aus, sei es durch Rollenspiele, durch kreatives Basteln oder auch durch Malen. Häufig suchen sie auch den Kontakt zur Erzieherin, nur um ihre eigene Interpretation der Geschichte wiederzugeben, um Fragen zu stellen, die sie beschäftigen oder einfach nur, weil sie Nähe und Zuwendung brauchen.

Aus meiner bisher gemachten Erfahrung in der pädagogischen Arbeit mit dem Kamishibai Erzähltheater weiß ich, dass diese Form der Bilderbuchbetrachtung alle Kinder der ***gruppe in sehr hohem Maße anspricht. Das „Kinderkino", wie es häufig genannt wird, hat aus meiner Sicht den höchsten Aufforderungscharakter, wenn es darum geht, Bilder mit einem thematischen Inhalt zu füllen, denn „[...] im Mittelpunkt steht nicht ein *lebloses Medium*, sondern die Vermittlung geschieht dialogisch und persönlich in großer Nähe zu den Zuschauern und Zuhörenden."[1] Der Fantasie der Kinder sind kaum Grenzen gesetzt und oft werden Situationen aus ihrer eigenen Lebenswelt mit den Bildern assoziiert. Die Kommunikation innerhalb der Gruppe wird angeregt, das Gemeinschaftsgefühl wird gestärkt und sozialemotionale Kompetenzen werden auf- beziehungsweise ausgebaut. Kompetenzen, die nachweislich für Kinder in deren Entwicklung, und aus meiner Sicht gerade für die Schulanfängerkinder der ***gruppe im Hinblick auf die bevorstehende Transition (den Wechsel in die Schule), von besonderer Bedeutung sind und deren Förderung ein wichtiger Bestandteil des pädagogischen Auftrages im Kindergarten darstellen sollte.

1.3.   Bezug des Themas zum Rahmenplan der Einrichtung

Gemäß dem Leitgedanken meiner Einrichtung, einem Evangelischen Regelkindergarten besteht ein wichtiger Auftrag aller im Team arbeitenden pädagogischen Kräfte darin, „[...] die Kinder in ihrer gesamten Entwicklung [...] zu unterstützen und zu fördern". „Das Kind wird in seiner Art als eigenständiger und ganzer Mensch gesehen, [...] Achtung und Respekt für jedes einzelne Kind in seiner [...] Einmaligkeit ist selbstverständlich." Überträgt man diese Aussagen auf die heutige SPA, so bedeutet dies, dass ein wichtiger Teil der Gesamtentwicklung des Kindes, nämlich die sozialemotionale Entwicklung des Kindes, aufgegriffen wird. Kinder werden in ihrer Individualität dabei unterstützt, Situationen, die sie auch in ihrem Lebensalltag vorfinden,

---

[1] Quelle: Helga Gruschka / Susanne Brandt: Mein Kamishibai Ein Praxisbuch zum Erzähltheater; 3. Auflage 2016 Don Bosco Medien GmbH München; Seite 11

sozial kompetent und mit Empathie zu erfassen und Lösungen gerade in problemati-schen Situationen zu finden. Respekt und Achtung als wichtige Werte für ein gelin-gendes Zusammenleben in sozialen Systemen erlernen Kinder auch und gerade durch die Vorbildfunktion von Erwachsenen. Bei der Durchführung der SPA gehört der respektvolle, wertungsfreie Umgang mit den Ideen und Äußerungen der Kinder für mich zum pädagogischen Selbstverständnis, ich nehme die Kinder als eigenstän-dige und ganze Menschen wahr.

Einer der wichtigsten Ansätze in diesem Kindergarten ist das „[...] situationsorientier-te Arbeiten nach Bedürfnissen und Lebenssituationen." Verbunden ist dieser Ansatz unter besonderer Herausstellung der Wertevermittlung mit konkret formulierten Lern-zielen, nämlich, dass Kinder „[...] Fähigkeiten entwickeln, mit Enttäuschungen und Misserfolgen umzugehen", dass sie „[...] Konflikte friedlich lösen." Die Geschichte: „Ich war das nicht!" greift diesen Ansatz auf, denn Kinder setzen sich hier anhand der Bilderbetrachtung mit dieser Thematik auseinander. Das didaktische Lernprinzip der Lebensnähe wird in hohem Maße umgesetzt, denn Streit und Enttäuschung, aber auch Verzeihen und „sich wieder Vertragen" kennen alle Kinder aus ihrem Alltag. „Durch vielfältiges Lernen, durch das Erleben mit sich selbst und mit anderen [...] wird das Kind auf die Zukunft [...] vorbereitet." Dieser Aussage werde ich mit meinem Angebot gerecht, in dem ich die Bilderbuchbetrachtung als eine von etlichen Mög-lichkeiten nutze, um den Prozess des Lernens, explizit den Erwerb von sozialemotio-naler Kompetenz, zu fördern beziehungsweise zu unterstützen.

Ein Schaubild in der Konzeption des evangelischen Kindergartens veranschaulicht die Ergänzung vom baden-württembergischen Orientierungsplan für Bildung und Er-ziehung mit dem institutionellen Profilpapier der Einrichtung. Das „christliche Men-schenbild als Grundlage [...] und Selbstverständnis", als Teil des Profils, steht zum Beispiel in direktem Zusammenhang mit den Grundlagen und verbindlichen Zielen aus dem Orientierungsplan und bildet somit die Ausrichtung des pädagogischen Handelns. Laut baden-württembergischem Orientierungsplan steht „das Wohl des Kindes im Vordergrund".[2] Schwerpunkt ist die „Perspektive des Kindes und die Ori-entierung an seinen Stärken".[3] Diese Kernaussagen finden sich in ähnlicher Form auch im evangelischen Profil und dem Auftrag der Einrichtung: „Der Mensch ist ein

---

[2] Quelle: Baden-württembergisches Ministerium für Kultus, Jugend und Sport: Orientierungsplan für Bildung und Erziehung, 2014, Seite 18
[3] Quelle: Baden-württembergisches Ministerium für Kultus, Jugend und Sport: Orientierungsplan für Bildung und Erziehung, 2014, Seite 59

einmaliges Geschöpf. Jedes Kind ist ein vollwertiger Mensch und wird angenommen, wie es ist - mit Stärken und Schwächen -."

1.4.   Bezug des Themas zum Bildungsplan

Im A-Teil des Orientierungsplanes für Bildung und Erziehung des Landes Baden-Württemberg unter 1 - Grundlagen und Ziele -, heißt es wie folgt: „Die ersten Lebensjahre und das Kindergartenalter sind die lernintensivste Zeit im menschlichen Dasein."[4] Diese Kernaussage verweist auf die Wichtigkeit, Kindern in der beschriebenen Zeit verschiedenste und vielfältigste Eindrücke und Möglichkeiten zu bieten, damit sie diese auf unterschiedliche Weise umsetzen können und somit folglich auch lernen können. Dazu gehört auch der Erwerb von sozialemotionalen Kompetenzen, die eine wichtige Grundlage für das Leben in sozialen Systemen bilden. Die SPA heute stellt also eine Möglichkeit dar, mit Hilfe des Kamishibai Erzähltheaters, mit der Thematik der Geschichte und den Handpuppen, auf abwechslungsreiche Weise Lernprozesse zu initiieren. Betrachtet man den Kindergartenalltag als Teil der alltäglichen Auseinandersetzung mit der Umwelt, so geschieht auch hier „kontinuierlich und ganz nebenbei Lernen."[5] Im Orientierungsplan wird unter Punkt 1.3 - Wie Kinder lernen - beschrieben, dass „Lernen ständig passiert, sobald der Mensch mit seiner Umwelt agiert, wenn er sich mit Dingen seiner Umwelt und mit anderen Menschen auseinandersetzt. Das Ergebnis des Lernens schlägt sich als [...] Gedächtnisspur, als „gebrauchsabhängiger Trampelpfad im Gehirn" nieder."[6] Wenn Kinder also lernen, sammeln sie Erfahrungen, die gleichsam wichtig sind, um „ [...] dahinter Regeln und Strukturen zu erkennen, um daraus abzuleiten, welches Verhalten in Zukunft das Richtige ist."[7] Bezug nehmend auf mein heutiges Angebot bedeutet dies, dass die Vorschulkinder der Gruppe anhand der Erfahrung, die sie durch die Auseinandersetzung mit der Geschichte machen, eine Gedächtnisspur legen oder einem bereits angelegten „Trampelpfad" folgen können. Sie erkennen Regeln im Umgang miteinan-

[4] Quelle: Baden-württembergisches Ministerium für Kultus, Jugend und Sport: Orientierungsplan für Bildung und Erziehung, 2014, Seite 18
[5] Quelle: Baden-württembergisches Ministerium für Kultus, Jugend und Sport: Orientierungsplan für Bildung und Erziehung, 2014, Seite 34
[6] Quelle: Baden-württembergisches Ministerium für Kultus, Jugend und Sport: Orientierungsplan für Bildung und Erziehung, 2014, Seite 30f
[7] Quelle: Baden-württembergisches Ministerium für Kultus, Jugend und Sport: Orientierungsplan für Bildung und Erziehung, 2014, Seite 31

der, können Gefühle zuordnen und wissen entsprechend darauf zu reagieren. Sie versuchen, Konfliktsituationen und Probleme zu lösen. Dies geschieht in der Gemeinschaft der Gruppe und mit Hilfe ihrer nonverbalen und verbalen Ausdrucksmöglichkeiten.

Im B-Teil des baden-württembergischen Orientierungs- und Bildungsplanes wird in insgesamt sechs Entwicklungsfeldern ein sogenannter Bildungskompass formuliert, der, dem Wesen des O-Planes entsprechend, die „[...] Kinderperspektive betont und deshalb von den Motivationen des Kindes ausgeht." Die dadurch entstandene Matrix „ist leitend für die Persönlichkeitsentwicklung, für das Hineinwachsen in die Kultur und für die Sozialisation des Kindes von Geburt an."[8] Die Bildungs- und Entwicklungsfelder sind eng miteinander verzahnt, was bedeutet, „dass Bildungsprozesse nie alleine einem Feld zuzuordnen sind. So zieht sich beispielsweise die Sprachbildung wie ein roter Faden durch alle Bildungs- und Entwicklungsfelder hindurch."[9]

Aufgrund dieser engen Verzahnung habe ich mich bei der Auswahl der Entwicklungsfelder und der daraus abgeleiteten Ziele bewusst **nicht** für das Entwicklungsfeld Sprache entschieden, da es aus meiner Sicht selbsterklärend ist, dass bei einer Bilderbuchbetrachtung mit der in Punkt 1.5. beschriebenen Zielgruppe sprachliche Kompetenzen vorausgesetzt werden können. Alle in der Gruppe verfügen über einen gut ausgeprägten Sprachstand, so dass ich die Schwerpunkte der SPA auf andere Entwicklungsfelder legen kann, basierend auf Impulsfragen, die ich mir stellte und die die Ziele (siehe Punkt 3. Zielsetzung) für mein heutiges Angebot begründen.

Im **Entwicklungsfeld Denken** wird beschrieben, dass „[...] Kinder von Anfang an nach Sinn und Bedeutung suchen. [...] schon mit sechs Monaten können sie Ursache-Wirkungs-Zusammenhänge erkennen [...]. Bereits in diesem Alter sind sie in der Lage, [...] Regeln zu bilden und sich zu erinnern."[10] Später, ab einem Alter von etwa vier Jahren, sind Kinder in der Lage, Hypothesen aufzustellen und zu überprüfen. „Warum-Fragen" sind wichtig, damit sich das Kind Ereignisse erklären, vorhersagen

---

[8] Quelle: Baden-württembergisches Ministerium für Kultus, Jugend und Sport: Orientierungsplan für Bildung und Erziehung, 2014, Seite 96
[9] Quelle: Baden-württembergisches Ministerium für Kultus, Jugend und Sport: Orientierungsplan für Bildung und Erziehung, 2014, Seite 96
[10] Quelle: Baden-württembergisches Ministerium für Kultus, Jugend und Sport: Orientierungsplan für Bildung und Erziehung, 2014, Seite 143

und sie damit letztendlich steuern kann.[11] „Der Prozess des Denkens muss unterstützt werden, [...] damit Kinder, auch im Austausch mit anderen Kindern und Bezugspersonen, eigene Erklärungsmodelle entwickeln können."[12]

Diesen Prozess kann ich mit meinem Angebot in hohem Maße unterstützen. Die Geschichte lädt ein, sogenannte „W"-Fragen (Wieso, Weshalb, Warum) zu stellen. Bei der Betrachtung der Bilder entstehen eigene Bilder im Kopf, die idealerweise Hypothesen entstehen lassen, die dann in der Gruppe besprochen werden. Die Kinder tauschen ihre Ideen und Lösungsvorschläge aus, sie beschreiben die Stimmungslage der beiden Kinder in der Geschichte, sie schaffen idealerweise den Transfer und übertragen Inhalte der Geschichte auf ihre eigene Lebenswelt. Sie tauschen Erfahrungen aus und schlagen angemessene Verhaltensweisen in einer Streitsituation, so wie sie beispielsweise bereits auf dem Titelbild zu erkennen ist, vor. Ihr Denken umfasst also alle Fähigkeiten, die helfen zu erklären und um Ursache-Wirkungs-Zusammenhänge zu erfassen. Schlussfolgerndes Denken wird initiiert und Problemlösestrategien werden herausgefordert. Damit Kinder all diese Fähigkeiten erlernen und erproben können, brauchen sie eine Umgebung, die sie ermuntert. In der von den Kindern selbst gestalteten Kinderbibliothek und anhand der methodischen Vorgehensweise ist dies aus meiner Sicht gewährleistet.

Bei der Überlegung, auf welchen Knotenpunkt der Matrix ich den heutigen Schwerpunkt legen möchte, erschienen mir folgende Fragestellungen, die auch aus den Beobachtungen (wie in Punkt 1.2 beschrieben) entstanden sind, wichtig: „Was kann ich, neben der alltäglichen pädagogischen Arbeit, zusammen mit den Kindern tun, um einen zufriedenstellenden Übergang in die Grundschule zu gewährleisten? Wie kann ich sie in ihrer sozialemotionalen Kompetenz stärken und unterstützen, so dass sie, wenn sie in der Schule auf neue, ihnen fremde Kinder treffen, selbstbewusst und ebenfalls sozial kompetent auf diese zugehen können? Womit und worin kann ich sie stärken und bestärken, um mit anderen gut leben zu können?" Und schließlich: „Wie kann ich die Kinder dabei unterstützen, dass sie in ihrem Kindergartenalltag angemessen und sozial kompetent, auch und gerade in Konfliktsituationen, miteinander umgehen?"

---

[11] Quelle: Baden-württembergisches Ministerium für Kultus, Jugend und Sport: Orientierungsplan für Bildung und Erziehung, 2014, Seite 144
[12] Quelle: Baden-württembergisches Ministerium für Kultus, Jugend und Sport: Orientierungsplan für Bildung und Erziehung, 2014, Seite 144

Im **Knotenpunkt D4** der Matrix - Denken entfalten, um mit anderen leben zu können - werden die Impulsfragen gestellt, wie „[...] Kinder in die Entwicklung von Regeln einbezogen werden und welche Möglichkeiten und Herausforderungen Kindern geboten werden, über Rechte [...] in der Gemeinschaft nachzudenken und sich darüber zu verständigen."[13] Sozial kompetentes Handeln und Verhalten beinhaltet unter Anderem auch, dass man sich im Umgang miteinander an Regeln hält. Regeln, die bereits im Kindergarten für ein befriedigendes Zusammenleben in der Gemeinschaft wichtig sind und die von Kindern, auch durch die Vorbildfunktion der Erwachsenen, gelernt werden. Meine Aufgabe ist es also, Kindern Möglichkeiten und Angebote anzubieten, um über das Lernen und die Einhaltung von Regeln soziale Kompetenzen zu erwerben. Die Geschichte heute bietet sich an, einige solcher Regeln zu besprechen und ein angemessenes Verhalten und Handeln daraus abzuleiten.

Weil „[...] menschliches Handeln von Emotionen begleitet ist, Emotionen zum täglichen Erleben gehören und der Umgang mit ihnen gelernt werden muss"[14], habe ich mich, neben dem o.g. Entwicklungsfeld, zudem für das **Entwicklungsfeld Gefühl und Mitgefühl** entschieden. „Was Du nicht willst, das man Dir tu, das füg auch keinem Anderen zu!" Dieses Sprichwort, dessen „Ursprung aus dem Matthäusevangelium 7,12"[15] stammt, leitet die Ausführungen in diesem Entwicklungsfeld ein. „Im Alltag und im Spiel hat das Kind ein Übungsfeld, in dem es Handeln und Fühlen in unterschiedlichen Rollen und damit aus verschiedenen Perspektiven erproben kann. Das Kind entwickelt zunehmend auch das Gefühl der Selbstwirksamkeit, indem es mit seinem Verhalten etwas bewirkt."[16] Diese Aussage verweist auf die Wichtigkeit, Kindern vielfältige Möglichkeiten anzubieten, um den Erwerb von emotionaler Intelligenz zu gewährleisten. Emotionale Intelligenz basiert auf, wie im Orientierungsplan beschrieben, drei Fähigkeiten, die folgendermaßen erläutert werden: „Genauso wie ein Kind lernen muss, [...] eine Tasse festzuhalten oder einen Dreiwortsatz zu sagen, so muss ein Kind auch lernen, mit Gefühlen umzugehen. Damit es das lernt, muss es drei wesentliche, aufeinander aufbauende Fähigkeiten erwerben: [...] Selbstreflexion:

---

[13] Quelle: Baden-württembergisches Ministerium für Kultus, Jugend und Sport: Orientierungsplan für Bildung und Erziehung, 2014, Seite 153

[14] Quelle: Baden-württembergisches Ministerium für Kultus, Jugend und Sport: Orientierungsplan für Bildung und Erziehung, 2014, Seite 157

[15] Vgl: Baden-württembergisches Ministerium für Kultus, Jugend und Sport: Orientierungsplan für Bildung und Erziehung, 2014, Seite 157

[16] Quelle: Baden-württembergisches Ministerium für Kultus, Jugend und Sport: Orientierungsplan für Bildung und Erziehung, 2014, Seite 157

Das bedeutet, Bewusstsein für eigene Emotionen entwickeln und einen angemessenen Umgang mit diesen erlernen; [...] Resilienz: Das heißt, mit Schwierigkeiten und Belastungen und den daraus entstehenden negativen Emotionen wie Wut und Trauer umgehen können; [...] Einfühlungsvermögen und Mitgefühl: Damit ist gemeint, Emotionalität anderer Menschen wahrnehmen und darauf angemessen reagieren."[17] Diese zuletzt genannten Eigenschaften werden auch mit dem Begriff Empathie zusammengefasst, welcher zusammen mit den Fähigkeiten Selbstreflexion und Resilienz in der heutigen SPA aufgegriffen wird. Eine Geschichte, die lebensnahe Situationen aufgreift und die somit den Kindern aus ihrer eigenen kindlichen Lebenswelt bekannt sind, eignet sich in besonderer Weise für das Entwickeln von emotionaler Intelligenz. "Konfliktfähigkeit als Teil der emotionalen Intelligenz ist sowohl für den Einzelnen als auch für die Gruppe wichtig. [...] Die Erzieherinnen und Erzieher haben hier die Aufgabe, Prozesse anzuregen und Grundsteine für die soziale und emotionale Entwicklung des Kindes zu legen."[18] Eine Aufgabe also, der ich mit meinem Angebot durchaus gerecht werden kann.

Auch im Entwicklungsfeld Gefühl und Mitgefühl war für mich der **Knotenpunkt D(5) -** mit anderen leben - ausschlaggebend im Hinblick auf die Planung des sozialpädagogischen Angebotes. Einige der zentralen Impulsfragen aus diesem Knotenpunkt, nämlich „[...] wie jedes Kind erfährt, was die guten und die schlechten Folgen seines Verhaltens sind, wenn es sich zum Beispiel ärgert oder freut," und die Frage, „[...] wodurch jedes Kind lernt, zwischen angemessenem und unangemessenem Verhalten zu unterscheiden"[19], waren für mich entscheidend bei der Auswahl der Geschichte, gerade weil die Antworten auf diese Fragen innerhalb der SPA und gemeinsam in der Gruppe herausgefordert werden können. Die Geschichte kann Impulse setzen, sie kann Reflexion initiieren und sie regt den Transfer zur kindlichen Lebenswelt an, welchen ich durch Impulsfragen unterstützen kann (zum Beispiel: „Habt ihr so etwas Ähnliches auch schon einmal erlebt?" „Wie fühlt man sich, wenn man angeschrien wird?" „ Was ist denn überhaupt Streit?" oder „ Wie könnte man die Situation nun lösen?")

---

[17] Quelle: Baden-württembergisches Ministerium für Kultus, Jugend und Sport: Orientierungsplan für Bildung und Erziehung, 2014, Seite 158
[18] Quelle: Baden-württembergisches Ministerium für Kultus, Jugend und Sport: Orientierungsplan für Bildung und Erziehung, 2014, Seite 158f
[19] Quelle: Baden-württembergisches Ministerium für Kultus, Jugend und Sport: Orientierungsplan für Bildung und Erziehung, 2014, Seite 161

Auf Grundlage aller erläuterten und beschriebenen Überlegungen, Fragestellungen und Begründungen der Punkte 1.2 – 1.4 und basierend auf der in Punkt 1.5. folgenden Beschreibung der Zielgruppe kann ich zusammenfassend sagen, dass ich mit meinem sozialpädagogischen Angebot heute ein bedeutsames Thema aufgreife, welches auf kindgerechte, interessenorientierte und den aktuellen Themen der Schulanfängerkinder der ***gruppe entsprechende Weise zusammen mit diesen dazu beitragen kann, das Zusammenleben in der Gruppe sozial verträglich zu gestalten, so dass Konfliktsituationen künftig angemessen gelöst werden auf der Grundlage sozialemotionaler Kompetenzen und emotionaler Intelligenz.

1.5.   Zielgruppe

G., 6;4 Jahre, weiblich

G. ist ein kognitiv und körperlich altersentsprechend gut entwickeltes Mädchen mit einem freundlichen, hilfsbereiten Wesen. Sie besitzt eine rasche Auffassungsgabe und verfügt über sehr gut ausgeprägte Sprachkompetenzen, die ihr dabei helfen, sich, auch bereits in Streitgesprächen, angemessen äußern zu können. Beleidigungen gehören nicht zu ihrem bevorzugten Sprachgebrauch. Auch im sozialemotionalen Bereich sind ihre Kompetenzen gut ausgeprägt. Sie versucht bereits sachlich und argumentativ im Dialog Probleme zu lösen. Gelingt ihr dies nicht, holt sie sich Hilfe bei den pädagogischen Kräften. Ihr aufgeschlossenes, empathisches Wesen macht sie zu einem beliebten Spielpartner in der Gruppe. Darüber hinaus ist sie sehr kreativ und fantasievoll, sei es beim Malen, Basteln oder auch beim Betrachten von Büchern und Bildern. Sie erfindet gerne Geschichten und gibt Büchern anhand der Bilder einen eigenen thematischen Inhalt. In der Kinderbibliothek befasst sie sich überwiegend mit Büchern, die ihrem Entwicklungsstand entsprechen (Sachbücher, Bücher zum Thema Schule), nimmt aber im Rollenspiel gerne die „Vorleserrolle" ein, was dazu führt, dass sie Bücher für jüngere Kinder auswählt und diese den „Kleinen" dann „vorliest". Dass sie ein Schulanfängerkind ist, scheint sie nicht zu überfordern, da sie einen großen Bruder hat, der bereits die dritte Klasse besucht und sie somit mit den Abläufen im Schulalltag in gewisser Weise vertraut zu sein scheint. Beim heutigen Angebot kann G. auf der Grundlage ihrer gut ausgeprägten emotionalen Intelligenz dazu beitragen, Lösungen zu finden, wie die Situation in der Geschichte gelöst werden könnte. Sie kann ihre Ideen äußern und zusammen mit der Gruppe erarbeiten, wie man sich in Streitsituationen verhalten sollte, beziehungsweise wie ein Streit beendet werden könnte.

L., 5;11 Jahre, männlich

L. ist ein altersentsprechend gut entwickelter Junge mit einem freundlichen Wesen. Er ist in hohem Maße kreativ und fantasievoll, sein bevorzugter Spielort ist die Bauecke, in welcher er sich, in der Regel zusammen mit zwei anderen Jungs, ausdauernd aufhält. Obwohl L. über gut ausgeprägte Sozialkompetenzen verfügt, kommt es neuerdings immer häufiger zu Konflikten innerhalb dieser Dreiergruppe. Die ungeklärte Frage beispielsweise, wer welche und wie viele Bausteine bekommt, führt immer häufiger zum Streit. Die Frustrationsgrenze scheint im Moment bei L. nicht sehr hoch zu sein, denn regelmäßig bricht er in Tränen aus, schreit seine Spielkameraden an, beleidigt diese und wirft Bausteine. Nur mit Hilfe der pädagogischen Kräfte können solche Situationen reguliert und geklärt werden. L. schafft es dann zwar sich zu entschuldigen, aber beim nächsten Streit droht die Situation wiederholt zu eskalieren. Mit Hilfe der SPA soll er eine Möglichkeit erhalten, sich zu erinnern und zu erkennen, wie er sich künftig sozial angemessen in oben beschriebenen Situationen verhalten kann. Darüber hinaus wird sein Interesse für die Kinderbibliothek, die er gerne auch als Rückzugsort bevorzugt, aufgegriffen. Zudem soll die Kinderbibliothek mit dem Themenregal dazu beitragen, dass er mit dem bisher eher von ihm vermiedenen Thema Schule künftig über den visuellen Impuls verstärkt in Berührung kommt. Seinen Vermeidungstendenzen soll dadurch entgegen gewirkt werden.

N., 5;9 Jahre, männlich

N. ist ein kognitiv altersentsprechend entwickelter Junge mit einer raschen Auffassungsgabe. Er verfügt über gut ausgeprägte sozialemotionale Kompetenzen. Er interessiert sich für alle Spielbereiche in der Gruppe und hält sich gerne in der Kinderbibliothek auf. Er zeigt reges Interesse an Büchern und besitzt eine ausgeprägte Fantasie im Hinblick auf das Interpretieren von Bildern. Im Kontakt zu anderen Kindern ist er höflich und hilfsbereit, bevorzugt allerdings ausgewählte Spielpartner, mit denen er sich ausdauernd in der Bauecke beschäftigt. In schwierigen Situationen oder bei

Konflikten in der Bauecke präsentiert er sich zurückhaltend, er scheut die direkte Konfrontation und verlässt kommentarlos diesen Spielbereich, um sich eine andere Beschäftigung zu suchen. Er schafft es nicht, sich mit seinen Ideen durchzusetzen, obwohl er mit den Ideen Anderer rücksichtsvoll und nachgebend umgeht. Auch ihm soll heute eine Möglichkeit geboten werden, Streitsituationen und Konflikten in angemessener Weise zu begegnen. Darüber hinaus soll er darin bestärkt werden, seine Ideen selbstbewusst zu äußern und deren Umsetzung auf sozial verträgliche Weise einzufordern.

H., 6;5 Jahre, weiblich

H. ist ein altersentsprechend kognitiv und körperlich gut entwickeltes Mädchen mit bereits in hohem Maße ausgeprägten sozialemotionalen Kompetenzen. Mit ihrer hilfsbereiten, zuvorkommenden und freundlichen Art ist sie ein beliebter Spielpartner. Besonders empathisch zeigt sie sich im Umgang mit den jüngsten Kindern der Gruppe. Ihre Interessen sind breit gefächert, besondere Freude hat sie an Büchern und Geschichten. Die Kinderbibliothek ist einer ihrer bevorzugten Beschäftigungsbereiche. In letzter Zeit wirkt sie allerdings zunehmend unsicherer im Umgang mit gleichaltrigen Kindern der Gruppe und zeigt verstärkt Rückzugstendenzen beziehungsweise sucht den Kontakt zu jüngeren Kindern. Sie scheint mit dem Zustand, nun ein „Schulanfängerkind" zu sein, überfordert. Ähnliches wird auch aus dem häuslichen Setting berichtet. Zudem sucht sie stark die Nähe der Erzieherin. Konflikten und Differenzen geht sie neuerdings gänzlich aus dem Weg, sie weint schnell und möchte, laut Aussage der Mutter, häufig nicht in den Kindergarten gehen. Im Elterngespräch wurde berichtet, dass sich zuhause in der vergangenen Zeit viel geändert habe. Sowohl die Mutter als auch der Vater hätten die Arbeitsstelle gewechselt, beziehungsweise eine Umschulungsmaßnahme begonnen, was dazu geführt habe, dass beide sehr wenig Zeit für H. gehabt hätten, dies aber ändern möchten. Im Zuge der Erziehungspartnerschaft wurde besprochen, dass H. auch im Kindergarten unterstützt werden soll, um wieder selbstbewusster und aufgeschlossener zu werden und um auf die bevorstehende Transition (Übergang in die Schule) behutsam vorbereitet zu werden. Mein Angebot heute soll eine von verschiedenen Möglichkeiten sein, um sie über ihre Freude an Geschichten und Büchern in ihrem Selbstbewusstsein zu stärken. Die Thematik der Geschichte soll ihr darüber hinaus dazu verhelfen, mit Hilfe ihrer gut ausgeprägten sozialemotionalen Kompetenz Konflikten und Differenzen künftig konstruktiv zu begegnen.

J.; 6;2, männlich

J. ist ein freundlicher, aufgeschlossener Junge mit einer, auf den ersten Blick erscheinenden, überdurchschnittlich gut entwickelten Kognition. Er kann bereits lesen, folglich hält er sich oft in der Kinderbibliothek auf. Er versucht, selbst lange Texte sinnerfassend zu lesen und kann erstaunlicherweise den Inhalt einer Geschichte sehr gut wiedergeben. Von meinen Kolleginnen habe ich die Information, dass J. zuhause regelmäßig lesen müsse. Die Eltern scheinen im Hinblick auf die Einschulung sehr hohe Ansprüche an J. zu stellen, was sich aus vergangenen Elterngesprächen entnehmen ließ. Die Erzieherinnen der Gruppe haben den Eindruck, dass J. deshalb überfordert sei. Er habe eine sehr geringe Frustrationsgrenze, sei wenig belastbar und weine sehr schnell. Diese Einschätzungen decken sich mit den Beobachtungen, die ich seit längerer Zeit, auch in anderen Settings, bei J. gemacht habe. Für das Freispiel bevorzugt er ausgewählte Spielpartner, Rollenspiele meidet er eher. Regelspiele wie beispielsweise „Mensch ärgere Dich nicht!" meidet er. Fragt man ihn nach dem Grund, antwortet er üblicherweise, dass ihm das Spiel nicht gefalle und er „sowieso gewinne". Tatsächlich ist es aber so, dass er, wenn er ein Spiel verliert, in Tränen ausbricht oder die Spielsituation wütend verlässt. Das führt dazu, dass ihn die Erzieherin reglementiert und von der Gruppe trennt, damit er eine „Auszeit" nehmen und sich beruhigen kann. Im anschließenden Gespräch mit der Erzieherin erkennt er sein unangemessenes Verhalten, zeigt sich allerdings auch im Gespräch weinerlich und wenig belastbar. Neuerdings kommt es auch in seinem bevorzugten Spielbereich, der Bauecke, häufiger zu Streitereien, bei denen er immer beteiligt ist. Auslöser sind Differenzen wegen der Verteilung von Bausteinen oder der Zuordnung von Aufgaben innerhalb des „Bauprojektes". J. fordert die Umsetzung seiner Spielidee ein, ohne Rücksicht auf andere und deren Ideen zu nehmen. Kann er sich dennoch nicht durchsetzen, kommt es zu Gefühlsausbrüchen, die von weinerlichem Verhalten bis hin zu unkontrollierter Wut reichen. Auch in diesem Setting gelingt es nur durch das Eingreifen der pädagogischen Kraft, einer Eskalation entgegenzuwirken und die Situation zu entkräften. Im anschließenden Gespräch mit ihm gelingt es ihm kaum, die Perspektive zu wechseln und die Sichtweise seiner Spielkameraden einzunehmen. Er scheint keinen Zugang zu deren Gefühlslage zu besitzen, was eine nicht ausreichend entwickelte emotionale Intelligenz vermuten lässt. Diese Einschätzung wurde mir auch von den Erzieherinnen der Gruppe und darüber hinaus von pädago-gischen Kräften aus anderen Bereichen der Einrichtung (Musikschule, Sportgruppe, Zahlenland) mitgeteilt, die ähnliche Beobachtungen gemacht haben. Im Einzelkon-takt zeigt sich J. neuerdings vermehrt bedürftig und sucht den Körperkontakt zu aus-gewählten Erzieherinnen der Gruppe. Er regrediert in kleindkindhaftes Verhalten, indem er beispielsweise wie ein Baby auf den Arm genommen werden möchte und „Kuschelzeiten" einfordert. Wird er auf seinen „Schulanfängerstatus" angesprochen, gibt er zwar an, sich auf die Schule zu freuen, lenkt allerdings schnell von diesem Thema ab. Auch er scheint damit überfordert zu sein. Im Team wurde vereinbart, sein Verhalten in nächster Zeit verstärkt und gezielt zu beobachten, um daraus ein zielführendes pädagogisches Handeln abzuleiten, welches seine sozialemotionalen Fähigkeiten stärken soll, damit er einerseits Konfliktsituationen künftig auf angemes-sene Weise begegnen kann und ihm andererseits der Wechsel in die Schule erleich-tert werden kann. Die Bilderbuchbetrachtung heute dient in gewisser Weise als zu-sätzliches Beobachtungsinstrument, weil J. die Möglichkeit hat, in der Gemeinschaft der Gruppe Ideen und Interpretationen zu äußern (vielleicht auch im szenischen Spiel, welches eingebaut werden kann), die für mich wichtig sein können bei der Ein-schätzung seiner sozialemotionalen Entwicklung.

2. Die Sachanalyse

2.1. Didaktische Analyse

2.1.1. Allgemeiner Didaktischer Schwerpunkt und Bedeutung für die Zielgruppe

In den ersten Lebensjahren spielen Bilderbücher eine entscheidende Rolle im Hinblick auf die Entwicklung eines Kindes. „Sie regen die Fantasie an, fördern die Auffassungsgabe, erweitern den Wortschatz und unterstützen das Kind dabei, die Welt in Bildern und in Worten zu entdecken und zu verstehen. Zugleich unterstützt das gemeinsame Betrachten der Bildseiten den kindlichen Bilderwerb. [...] Dass dieser Lernprozess alles andere als selbstverständlich ist, haben Entwicklungspsychologen durch zahlreiche Experimente herausgefunden."[20] Bereits der bedeutsame Pädagoge Johann Amos Comenius (1592-1670) erkannte die Wichtigkeit des Bilderbuchs und brachte 1658 sein Elementarwerk „Orbis sensualium pictus" heraus. Sein „Bildersachbuch", wie er es nannte, sollte Kindern einen „ersten Zugang zu Wissen verschaffen."[21] Heute geht die Bedeutung des Bilderbuches und dessen Betrachtung weit über diesen Ansatz hinaus. Bilderbücher vermitteln Kindern ein erstes Verständnis, was Literatur überhaupt ist. „Das Verstehen von Geschichten und Texten üben Kinder bereits mit dem Bilderbuch, es bereitet sie auf die Beschäftigung mit komplexeren Texten vor, die sukzessive auf Bilder verzichtet."[22] Darüber hinaus erobern sie sich, auch und gerade durch die Bilderbuchbetrachtung, die „Welt der Buchstaben", die unumgänglich ist für den späteren Schrifterwerb. Die positiven Effekte dieses frühen Kontaktes mit Bilderbüchern sind bekannt. „Solche Kinder weisen - gegenüber Kindern, mit denen man keine Bilderbücher betrachtet hat oder denen nicht oder kaum vorgelesen wurde - weitaus bessere Sprachkenntnisse auf. Sie haben [...] weniger Schwierigkeiten beim späteren Lesen und Schreiben lernen in der Grundschule. Frühpädagogen, [...] legen deshalb immer mehr Wert darauf, dass

---

[20] Quelle: Das Bilderbuch - aus Entdeckungskiste: Zeitschrift für die Praxis in Kitas -; Ausgabe Jan/Feb. 2014; Herder Verlag München; Seite 8
[21] Vgl.: Thesing, Th.: Leitideen und Konzepte bedeutender Pädagogen, Ein Arbeitsbuch für den Pädagogikunterricht; Lambertus Verlag Freiburg i. Br. 2014; Seite 228
[22] Quelle: Das Bilderbuch - aus Entdeckungskiste: Zeitschrift für die Praxis in Kitas -; Ausgabe Jan/Feb. 2014; Herder Verlag München; Seite 8

Kinder schon vor dem dritten Lebensjahr die Chance erhalten, mit Bilderbüchern in Kontakt zu kommen."[23]

„Auch Kinder aus bildungsfernen Familien, die ohne eine vorgelebte Buchkultur aufwachsen, finden manchmal erst dann zum Buch, wenn pädagogische Fachkräfte [...] an ihre oft durch andere Medien geprägte Lebenswelt anknüpfen."[24] Kindern, die die Vorlesesituation als „fremd" erleben und von sich aus wenig auf Bücher zugehen, kann durch die in der Gruppe gemeinsam stattfindende Bilderbuchbetrachtung ein Zugang zum Medium Buch verschafft werden und somit wertvolle Bildungschancen ermöglichen.

„Bücher bauen Brücken, [...] weil sie einen tiefen emotionalen Zugang zu Kindern ermöglichen können."[25] Die pädagogische Kraft kann durch das Vorlesen diesen Vorgang unterstützen (siehe Punkt 2.2. methodische Analyse).

„Bücher sind die Spiegel kindlicher Lebenswelten! Deshalb [...] sollte das Buchsortiment, auch im Hinblick auf die Themengebiete wie beispielsweise [...] Gefühle und Freundschaft, in der Kita möglichst vielfältig sein."[26] „Dabei ist es wichtig, dass die Bücher positive Identifikationsfiguren für alle Kinder in der Gruppe bieten."[27]

„Die nützlichsten Bücher sind die, die den Leser anregen, sie zu ergänzen." (Voltaire)

Bezogen auf die Zielgruppe des heutigen sozialpädagogischen Angebotes bedeutet dies, dass die Bilderbuchbetrachtung vielfältige Prozesse initiiert und/oder fortsetzt. Die Fantasie wird angeregt, sprachliche Kompetenzen werden gefördert, das Sprachverständnis wird geschult, die Sprechfreude wird angeregt und der Lese- und Schreiberwerb wird, gerade im Hinblick auf die bevorstehende Transition, wie bereits erwähnt, erleichtert. Die Thematik der Geschichte beinhaltet darüber hinaus positive Identifikationsfiguren, die im Hinblick auf die Entwicklung im sozialemotionalen Bereich und der emotionalen Intelligenz für Kinder von großer Bedeutung sind und die

---

[23] Quelle: Das Bilderbuch - aus Entdeckungskiste: Zeitschrift für die Praxis in Kitas -; Ausgabe Jan/Feb. 2014; Herder Verlag München; Seite 8
[24] Quelle: Das Bilderbuch - aus Entdeckungskiste: Zeitschrift für die Praxis in Kitas -; Ausgabe Jan/Feb. 2014; Herder Verlag München; Seite 10
[25] Quelle: Das Bilderbuch - aus Entdeckungskiste: Zeitschrift für die Praxis in Kitas -; Ausgabe Jan/Feb. 2014; Herder Verlag München; Seite 9f
[26] Vgl.: Das Bilderbuch - aus Entdeckungskiste: Zeitschrift für die Praxis in Kitas -; Ausgabe Jan/Feb. 2014; Herder Verlag München; Seite 11
[27] Vgl.: Das Bilderbuch - aus Entdeckungskiste: Zeitschrift für die Praxis in Kitas -; Ausgabe Jan/Feb. 2014; Herder Verlag München; Seite 11

sie in ihrem Selbstbewusstsein stärken können. Gerade die Schulanfänger benötigen dieses, wenn sie auf neue, ihnen unbekannte Mitschüler treffen, damit sie auf sozial verträgliche Weise eine neue Gemeinschaft bilden können. Zudem kann die Geschichte, um das oben erwähnte Zitat aufzugreifen, die Kinder anregen, diese zu erweitern oder der Geschichte gar einen neuen Inhalt zu geben.

2.1.2. Ausgewählte didaktische Elemente und Bedeutung für die Zielgruppe

Im Allgemeinen Teil der didaktischen Analyse wird auf die Bedeutung von Bilderbüchern und die Wichtigkeit bei deren Auswahl hingewiesen. Ohne der methodischen Vorgehensweise und deren Begründung vorgreifen zu wollen, möchte ich die Bilderbuchbetrachtung mit dem Kamishibai (japanisch Papiertheater) als didaktisches Element erwähnen. „[...] Ein „Papiertheater" (jap.: kami = Papier, shibai = Theater) ist ein Erzähltheater: ein Wechselrahmen mit Türen davor, der oben geöffnet ist und zwischen den Leisten so viel Platz bietet, dass mehrere Bilder als Stapel hineingestellt, im Rahmen betrachtet und wieder heraus gezogen werden können. Die Aufmerksamkeit der Zuhörer und Zuschauer wird so auf den bildlich dargestellten Kern der gesprochenen Worte gelenkt. [...] Umgekehrt dienen die so mit dem Rahmen fokussierten Bilder dem erwachsenen und dem kindlichen Erzähler als Gedächtnisstützen für die eigenen inneren Bilder. Das Kamishibai verstärkt also sowohl die äußeren als auch die inneren Bilder in ihrer Wirkung. Die Wechselwirkung [...] unterstützt das freie mündliche Erzählen und führt von der vorbereiteten Geschichte zur eigenen Sprache."[28] In „[...] Kindertageseinrichtungen ergeben sich immer wieder Themen- und Erzählanlässe, für die das Kamishibai ganz verschiedene Gestaltungsmöglichkeiten bereithält."[29] „Es lassen sich vier charakteristische Eigenschaften und Chancen des Kamishibai nennen, die „[...] den besonderen Reiz dieses Mediums und seine Nutzung beeinflussen:

---

[28] Quelle: Gruschka, H.;Brandt, S.: Mein Kamishibai, Ein Praxisbuch zum Erzähltheater; Don Bosco Medien GmbH, München 2016; Seite 7f
[29] Quelle: Gruschka, H.;Brandt, S.: Mein Kamishibai, Ein Praxisbuch zum Erzähltheater; Don Bosco Medien GmbH, München 2016; Seite 8

1. Das Kamishibai führt Menschen [...] zusammen

Die szenische Erzählweise [...] eröffnet besondere Chancen für kreative [...] Gruppenerlebnisse [...]. Respekt und Anerkennung [...], gegenseitiges Zuhören und Vertrauen, Behutsamkeit im Umgang mit Gefühlen, ebenso die Freude am gemeinsamen Ergebnis [...] bringen so viele soziale Aspekte mit ins Spiel und leisten einen wichtigen Beitrag [...] im ganzheitlichen Sinne.

2. Bilder sind gute Begleiter

Das Nebeneinander von Bildmedien und persönlicher Vermittlung bewirkt einen doppelten Effekt: [...] Die Vermittlung geschieht dialogisch und persönlich in großer Nähe zu den Zuschauern und Zuhörenden. [...] Die Bilder erweisen sich als verlässliche Begleiter, hinter denen sich niemand verstecken muss, neben denen sich aber jeder gestützt fühlen darf.

3. **Körper-, Bild- und Sprachausdruck entwickeln sich in einem lebendigen Wechselspiel**, welches verschiedene Akzente zulässt, aber nur in guter Balance gelingt. Genau in dieser Übung liegen viele Chancen, für sich eine eigene Erzählweise zu finden. Wer sich in der „Welt des Kamishibai zu Hause fühlt", wird das auch in einer entspannten Körperhaltung und Sprachfreude zum Ausdruck bringen, den Menschen [...] offen begegnen und [...] in einen stimmigen Sprachrhythmus finden.

4. **Das Kamishibai ist mobil und überall einsetzbar**, [...] es ist handlich und ist [...] überall dort ganz unkompliziert zu nutzen, wo Menschen sich in kleinerer oder größerer Runde versammeln."[30]

Im Hinblick auf die Zielgruppe und der Zielsetzung des heutigen Angebotes kann ich dem Thema der Bilderbuchbetrachtung durch das Kamishibai als unterstützendes, didaktisches Element einen besonderen Ausdruck verleihen. Zudem nutze ich ein, den Kindern bereits bekanntes, Element, um deren Kreativität und Interpretationsfreude zusätzlich anzuregen. Darüber hinaus initiiere ich Gruppenprozesse und unterstütze die inhaltliche Auseinandersetzung mit einem für die Kinder bedeutsamen

---

[30] Quelle: Gruschka, H.;Brandt, S.: Mein Kamishibai, Ein Praxisbuch zum Erzähltheater; Don Bosco Medien GmbH, München 2016; Seite 11f

Thema, was die Wichtigkeit der Bilderbuchbetrachtung als sozialpädagogisches Angebot unterstreicht.

2.2. Methodische Analyse

Bei der [...] Durchführung von Bildungsaktivitäten ist es erforderlich, didaktische Prinzipien zu berücksichtigen, damit die Lern- und Bildungsprozesse bei den Kindern erfolgreicher ablaufen können. Sie gelten als Voraussetzung für gelingendes (kindliches) Lernen.[31] Bei der Bilderbuchbetrachtung sowie der Auswahl des Themas gerade für Schulanfänger sind methodische Überlegungen und deren Umsetzungsformen besonders wichtig. Kinder lernen spielend, denn „[...] alles, was mit Spielen zu tun hat und [...] wo sie ganz sie selbst sein dürfen"[32], tun sie gerne. Aus diesem Grunde soll die Aktivität heute auch einen spielerischen Charakter bekommen, denn dadurch entwickeln Kinder Fantasie, Kreativität, Intelligenz und Persönlichkeit. Um die erwähnten Bereiche optimal fördern zu können, dürfen die Kinder bei der Bilderbuchbetrachtung mit Hilfe des Kamishibai Erzähltheaters und der Puppen die Geschichte aktiv mitgestalten und interpretieren. Sie sollen die Bilderbuchbetrachtung als Spiel empfinden und sich als wichtigen Teil dieses Spieles sehen. „Der Mensch spielt nur, wo er in voller Bedeutung des Wortes Mensch ist, und er ist nur da ganz Mensch, wo er spielt. (Friedrich Schiller (1759-1805))"[33] Bei der heutigen Form der Bilderbuchbetrachtung wird ein wesentliches didaktisches Lernprinzip, nämlich das der Aktivität, umgesetzt. Dieses Lernprinzip besagt, dass „ [...] dadurch das Neugier- und Frageverhalten des Kindes gefördert wird, dass es dem Kind durch [...] ausgewählte Lernangebote und Materialien ermöglicht wird, spontane Ideen zu äußern und Gestaltungsversuche vorzunehmen."[34] Übertragen auf das Thema der Geschichte bedeutet dies, dass die aktive Auseinandersetzung mit „Streit und Versöhnung" viel Platz schafft für das Äußern von Ideen. Lösungen, die vorgeschlagen werden, kön-

---

[31] Quelle: Gartinger, S.; Janssen,R.: Erzieherinnen und Erzieher, Sozialpädagogische Bildungsarbeit professionell gestalten; Berlin 2014,S.62
[32] Vgl.: Gartinger,S. ; Janssen,R.: Professionelles Handeln im sozialpädagogischen Berufsfeld; Erzieherinnen und Erzieher; Berlin 2016; Seite 265
[33] Vgl.: Baden-württembergisches Ministerium für Kultus, Jugend und Sport: Orientierungsplan für Bildung und Erziehung, 2014, Seite 42
[34] Quelle: Thiesen, P.; Die gezielte Beschäftigung im Kindergarten, Lambertus Verlag; Freiburg i.Br. 2010; Seiten 25-28

nen mit den Puppen dargestellt werden. Da das reine Vorlesen der Geschichte durch die Erzieherin und die dadurch entstehende fehlende Aktivität der Kinder kaum Erfolg haben würde und demzufolge das Interesse der Kinder schwächen würde, soll durch die freie Interpretationsmöglichkeit sowie der teilweise szenischen Gestaltungsmöglichkeit mit den Puppen eine Brücke geschlagen werden zwischen dem Text, dem Inhalt und der Bedeutung für ihre eigene Lebenswelt. Darüber hinaus werden auf spielerische Weise sowohl die Motivation als auch die Konzentration der Kinder aufrecht erhalten. Dialogisches Vorlesen, welches ich heute unter Anderem anwende und auf dessen Bedeutung ich im Folgenden etwas näher eingehen möchte, regt zudem das Äußern eigener Ideen an und entspricht somit dem Prinzip der Freiwilligkeit, welches besagt, dass „Erziehende Bildungsprozesse nur anregen und initiieren können [...], aber Kinder [...] selbst entscheiden, ob, in welchem Ausmaß und an welchem Angebot sie teilnehmen möchten."[35] Dieses Lernprinzip impliziert meines Erachtens die Umsetzung aller übrigen didaktischen Prinzipien, wie beispielsweise das Prinzip der Übung, das der Anschauung und das Prinzip der Kindgemäßheit. Aus diesem Grunde werde ich nicht auf alle detailliert eingehen und lediglich die für heute aus meiner Sicht bedeutsameren Lernprinzipien erläutern.

Dialogisches Vorlesen meint den Zusammenschluss von Bilderbetrachtung und Erzählen. Durch diese Methode können Kinder durch lebendiges Sprechen an eine Geschichte „gefesselt werden". Die freie Wortwahl und die Flexibilität im Hinblick auf den Inhalt gewährleistet den Kindern ein hohes Maß an Authentizität. Das freie Erzählen macht es darüber hinaus möglich, dass sich die Erzieherin im Verlauf zurückziehen kann. Mit dem Kamishibai, welches zudem dem Prinzip der Anschauung in hohem Maße entspricht, als unterstützendes Element beim heutigen Angebot kann zudem ein ergänzendes methodisches Modul integriert werden, nämlich die Erschließung von Handlungsabläufen durch die Kinder selbst anhand der Bilder. Die großen Bildkarten, die die Geschichte in geordneter Abfolge wiedergeben, sorgen dafür, dass der Fokus immer erst auf das einzelne Bild gerichtet werden kann. Den Kindern wird ausreichend Zeit gewährt, um diese auf sich wirken zu lassen, bevor sie die Bilder interpretieren. Die Erzieherin gibt hier in Form von offener Fragestellung (W-Fragen, Verständnisfragen und auch „Unsinnsfragen") die entscheidenden Impulse, die idealerweise dazu führen, dass die Sprechfreude der Kinder sowie die Kom-

---

[35] Quelle: Gartinger, S.; Jannsen,R.: Erzieherinnen und Erzieher, Sozialpädagogische Bildungsarbeit professionell gestalten; Berlin 2014,S.64f

munikation innerhalb der Gruppe angeregt werden. Denkprozesse werden initiiert, Handlungen werden erkannt und ausgewertet, die Übertragung auf die eigene Lebenswelt wird in hohem Maße unterstützt. Das Prinzip der Lebensnähe fließt hier also mit ein, denn bezogen auf die Thematik der Geschichte bedeutet dies, dass sich Kinder ihrer eigenen Gefühle und Einstellungen bewusst werden und somit auch die Gefühle und Einstellungen Anderer (an)erkennen und nachvollziehen können. Das Einbringen von eigenen Erfahrungen und eigenem Wissen sowie der Austausch darüber sind wertvolle Aspekte im Hinblick auf das Erarbeiten von Lösungen, gerade in Konfliktsituationen, im Sinne eines sozial verträglichen Miteinanders. Das didaktische Prinzip der Lebensnähe beinhaltet, dass es „[...] um die Auseinandersetzung mit Inhalten geht, die dem Kind Erfahrungen mit seiner Umwelt ermöglichen, gleichgültig, um welches Bildungsgut es sich handelt. Die Erzieherin geht deshalb

- Vom Einfachen zum Komplizierten

- Vom Nahen zum Fernen

- Vom Bekannten zum Unbekannten."[36]

Bezug nehmend auf die Zielgruppe und den bevorstehenden Übergang in die Schule bedeutet dies, dass ich das Einfache, Nahe und Bekannte - damit ist der Kindergartenalltag gemeint - nutze, um auf das komplizierte, ferne und zum Teil (noch) unbekannte Thema Schule hinzuführen. Ein angemessener, sozialemotional kompetenter Umgang im Kindergarten stärkt Kinder in ihrem Selbstwert und in ihrem Selbstbewusstsein und trägt zu einer gelingenden Transition in die Schule in hohem Maße bei.

Davon ausgehend, dass sich alle Kinder der in Punkt 1.5. beschriebenen Zielgruppe gerne mit Büchern beschäftigen und die Kinderbibliothek einer ihrer gerne genutzten Beschäftigungsbereiche darstellt, war es mir bei meinen Überlegungen zunächst wichtig, das Interesse und die Freude der Kinder aufzugreifen. Gerade weil dieser Bereich im Gruppenraum von den Schulanfängern mitgestaltet wurde und weil sie sich als „Bücherexperten" in gewisser Weise dafür verantwortlich fühlen, ist es mir möglich, „ihre" Kinderbibliothek als motivierendes Element einzubauen.

---

[36] Quelle: Thiesen, P.; Die gezielte Beschäftigung im Kindergarten; Freiburg i.Br. 2010; Seite 27

Gleichermaßen wichtig bei der Überlegung, wie ich vorgehen möchte, war der Einsatz von unterstützenden Medien und Materialien, welche die Kinder nutzen dürfen, um ihren Äußerungen und Ideen einen darstellenden Ausdruck verleihen zu können. Hier möchte ich wiederholt das Prinzip der Anschauung mit einfließen lassen, welches die Aussage beinhaltet, „dass die wichtigsten Kennzeichen der Anschaulichkeit [...] ein Reichtum an Beispielen und Bildern sind. [...] auf allen Ebenen der Veranschaulichung wird das Lernen gesteigert."[37] Beobachtungen aus Freispielsituationen, explizit in der Puppenecke, waren hierfür ausschlaggebend. Regelmäßig werden Puppen in das freie Spiel integriert, sie dienen im Rollenspiel als unverzichtbares Element und werden als Hilfsmittel genutzt, um Erlebtes besser verarbeiten zu können. Diese Funktion kann ich unterstützend nutzen, um bei der heutigen Bilderbuchbetrachtung mit dem Einsatz der Puppen und einigen Bausteinen auf spielerische Weise Inhalte der Geschichte und Ideen der Kinder wiederzugeben und, bezogen auf die Zielsetzung, Lernprozesse herausfordern. Die Bausteine gehören einerseits zum Inhalt der Geschichte, andererseits sind sie im Kindergartenalltag häufig Auslöser von Konflikten, Das Prinzip der Lebensnähe wird somit wiederholt aufgegriffen.

„Die zentrale Phase jedes methodischen Vorgehens ist die eigentliche Lern- und Arbeitsphase, also die Auseinandersetzung mit dem Thema und der zu erwerbenden Fähigkeit. [...] dafür gibt es verschiedene Lernhilfen, die dem Lernenden das Lernen erleichtern und zusätzlich seine Lernbereitschaft fördern."[38]

Lernhilfen in diesem Sinne sind, aus meiner Sicht und Bezug nehmend auf die heutige sozialpädagogische Aktivität, die erläuterten methodischen Hilfsmittel, die, neben den bereits vorhandenen, kognitiven und sozialemotionalen Ressourcen jedes einzelnen Kindes und zusammen in der Gruppe sowie mit mir als begleitenden und unterstützenden Teil dieser Gemeinschaft, eingesetzt werden, um mit Kindern auf abwechslungsreiche und anschauliche Art ein für sie bedeutsames und für ihre Zukunft, für ihr Leben wichtiges Thema aufzugreifen. Sie dienen letztendlich auch dem Erreichen der in Punkt 3. - Zielsetzung - formulierten Feinziele.

Aufgrund der hohen kognitiven Leistung, die die Schulanfänger heute erbringen, werde ich situativ entscheiden, in welchem Umfang ich die Kinder beim Erreichen der Ziele unterstütze.

---

[37] Vgl. Thiesen, P.: Die gezielte Beschäftigung im Kindergarten; Freiburg i. Breisgau 2010, S. 25
[38] Vgl. Thiesen, P.: Die gezielte Beschäftigung im Kindergarten; Freiburg i. Breisgau 2010, S. 44

3. Zielsetzung

Grobziel aus dem Entwicklungsfeld Denken:

Kinder haben Freude daran, mit anderen über Dinge nachzudenken und erkennen Regeln und Zusammenhänge im Umgang miteinander. Sie erkennen die Auswirkungen bestimmter Verhaltensweisen, so wie sie auf den Bildkarten teilweise zu erkennen sind.

- **Erstes Feinziel:** Die Kinder beschreiben und interpretieren die einzelnen Bildkarten, stellen gemeinsam in der Gruppe Hypothesen über die Aussage der Bilder an und äußern diese.

- **Zweites Feinziel:** Die Kinder transferieren die Aussagen der Bildkarten auf ihre eigene Lebenswelt und schildern Beispiele aus dieser.

- **Drittes Feinziel:** Die Kinder besprechen Regeln für ein gelingendes Miteinander in ihrem Kindergartenalltag.

Grobziel aus dem Entwicklungsfeld Gefühl und Mitgefühl:

Die Kinder lernen, ihre eigenen Gefühle und die Gefühle Anderer wertzuschätzen. Sie eignen sich Mitgefühl und Einfühlungsvermögen an und finden entwicklungsentsprechende Konfliktlösungen.

- **Erstes Feinziel:** Die Kinder beschreiben anhand der Bildkarten die Gefühlslagen - fröhlich, wütend, traurig - der betroffenen Kinder in der Geschichte, können benennen, wie sich das bei ihnen anfühlt („wenn ich mich freue,..." oder „wenn ich wütend bin, dann...").

- **Zweites Feinziel:** Die Kinder äußern Ideen, was unangemessenes Verhalten (beispielsweise anschreien, beleidigen oder schlagen) bei anderen Kindern auslöst, wie sich diese dann fühlen könnten und wie man es schaffen kann, sich nach einem Streit wieder zu vertragen.

4. Planung und Durchführung

4.1. Material- und Medienauswahl

- Kamishibai Erzähltheaterkasten
- Bildkarten Din A 3 „Ich war das nicht!"
- Zwei Stoffpuppen
- Diverse Bausteine (Duplo-Steine)

4.2. Raumplanung

Die Bilderbuchbetrachtung findet idealerweise in der, mit den Kindern zusammen, neu gestalteten Kinderbibliothek statt, die an der Fensterseite des Gruppenraumes, zwischen Puppen- und Bauecke eingerichtet wurde. Die räumliche Trennung zu den beiden genannten Bereichen gewährleisten Sitzgelegenheiten in Form eines Sofas auf der einen Seite (Puppenecke), sowie eine Sitzbank mit integriertem Bücherfach auf der anderen Seite (Bauecke). Sitzwürfel ergänzen hier die Abtrennung, dienen allerdings gleichzeitig auch als Spielmaterial in der Bauecke. Das Themenregal steht seitlich an das Sofa angrenzend und macht den gesamten Bereich halboffen. Die Sitzgelegenheiten werden fensterseitig ebenfalls durch einen Büchertisch mit verschiedenen Fächern getrennt, welcher den „unsortierten" Bereich der Bibliothek repräsentiert. Buchstaben aus weichem Material hängen von der Decke herab, die der visuellen Unterstützung dienen und gerade den jüngeren Kinder der Gruppe zeigen, dass sich in diesem Bereich alles um Bücher, Bilder und Buchstaben dreht.

Beim heutigen Angebot werde ich das Kamishibai auf dem Büchertisch platzieren, davor stelle ich allerdings einen kleinen Tisch, den ich als Ablagefläche für die besprochenen Bildkarten nutze. Ich werde auf der daneben stehenden Sitzbank Platz nehmen. Vor dem kleinen Tisch, in angemessener Entfernung platziere ich fünf nebeneinander stehende Stühle, somit ist für alle Kinder eine gute Sicht auf das Kamishibai gewährleistet. Zwischen Erzähltheaterkasten und Stühlen soll genügend Platz auf dem Boden sein für die szenische Darstellung und den geplanten Einstieg mit den Bauklötzen und den beiden Stoffpuppen. Insgesamt wird somit dem Begriff des „Kinderkinos" entsprochen.

5. Literatur

- Ministerium für Kultus, Jugend und Sport, Baden Württemberg (Hrsg.); Orientierungsplan für Bildung und Erziehung in baden-württembergischen Kindergärten und weiteren Kindertageseinrichtungen; Fassung vom 15. März 2011; Herder Verlag 2014, ISBN 978-3-451-32982-1

- Lydia Hauenschild / Antje Bohnstedt: „Ich war das nicht!" Bilderbuchgeschichten für unser Erzähltheater; 2015 Don Bosco Verlag Medien GmbH München; EAN 426017951 235 3

- Helga Gruschka / Susanne Brandt: Mein Kamishibai Ein Praxisbuch zum Erzähltheater; 3. Auflage 2016 Don Bosco Medien GmbH München; ISBN 978-3-7698-2068-3

- „Das Bilderbuch": Entdeckungskiste - Zeitschrift für die Praxis in Kitas -; Ausgabe Jan./Feb.2014; Herder Verlag Freiburg; ISSN 0935-9869 / Nr.1; verschiedene Autoren

- Ulrike Blucha / Iris Knauf: „Die Welt der Kinderbücher" aus: Bausteine Kindergarten – Das Praxismaterial für den Kindergartenalltag; Ausgabe 4/2016; Bergmoser + Höller Verlag AG, ISSN 0173-8585

- Thiesen, Peter.: Die gezielte Beschäftigung im Kindergarten; 14. Auflage; Lambertus Verlag, Freiburg i. Breisgau 2010; ISBN 978-3-7841-1976-2

- Thesing, Theodor: Leitideen und Konzepte bedeutender Pädagogen. Ein Arbeitsbuch für den Pädagogikunterricht; 4. Auflage, Freiburg i. Breisgau 2014; ISBN 978-3-7841-2442-1

- Brigitte vom Wege / Mechthild Wessel: Kinderliteratur für sozialpädagogische Berufe; Bildungsverlag EINS GmbH Köln; Auflage 1 2013, ISBN-13: 978-3427899204

- Silvia Gartinger / Rolf Janssen: Professionelles Handeln im sozialpädagogischen Berufsfeld - Erzieherinnen und Erzieher-; Cornelsen Verlag Berlin; 1. Auflage, 8.Druck 2016; ISBN 978-3-06-450179-9

6. Verlaufsplan

Teilziele	Geplanter Verlauf/ methodisches Vorgehen	Begründung des Vorgehens/ didaktische Prinzipien	Zeit
	Einstieg und Hinführung		
Die Kinder begrüßen meinen Lehrer.	Die Kinder befinden sich bereits in der Kinderbibliothek. Ich begrüße jedes Kind persönlich und bedanke mich bei ihnen, dass sie an meinem Angebot heute teilnehmen. Ich informiere sie darüber, dass ich heute Besuch von meinem Lehrer habe und stelle diesen vor.	Durch das persönliche Begrüßen und das Bedanken sollen sich die Kinder wertgeschätzt fühlen, das soll eine angstfreie und harmonische Atmosphäre schaffen. Durch das Vorstellen wissen die Kinder, dass mein Lehrer zuschaut.	~1 min.
Die Kinder sollen auf die Geschichte gespannt sein. Ihre Neugier soll geweckt werden.	Anschließend erkläre ich den Kindern, dass wir heute wieder einmal Kinderkino spielen und ich ihnen eine besondere Geschichte mitgebracht habe. Zudem erwähne ich, dass ich heute zwei Puppen mitgebracht habe und mit diesen den Kindern gerne etwas vorspielen möchte. Die Kinder	Hier wird erstmals das Prinzip der Anschauung aufgegriffen. Darüber hinaus erleben sich die Kinder	

Die Kinder erleben sich hier als selbstwirksam, weil sie Entscheidungen treffen dürfen, die sie untereinander besprochen haben.	dürfen den Puppen Namen geben. Hier kann ich gleich zu Beginn überprüfen, inwieweit sich die Kinder bereits absprechen und Übereinkünfte treffen können. Schaffen sie es nicht, schlage ich vor, dass die Mädchen den Namen für die weibliche Puppe und die Jungs den Namen für die männliche Puppe festlegen dürfen. Außerdem habe ich einen aus Bauklötzen hergestellten Turm auf dem Boden platziert, den ich für den szenischen Einstieg benötige. Die Kinder werden gebeten, diesen nicht zu berühren.	als selbstaktiv, wenn sie den Puppen einen Namen geben. Das Prinzip der Freiwilligkeit wird angewendet.	~2 min.
Die Spannung bei den Kindern soll weiter steigen.	Ich erkundige mich, ob alle bereit sind, danach beginne ich mit dem szenischen Einstieg. Ich stelle mit Hilfe der Puppen, deren Namen ich jetzt wiederhole, und dem Turm eine Situation nach, die auch dem Inhalt der Geschichte entspricht. Zwischendurch frage ich die Kinder, wo diese Beiden wohl gerade spielen, vielleicht im Kindergarten oder zuhause? So werden die Kinder gleich von Anfang an mit einbezogen. Die Szene wird nicht zu Ende gespielt. In dem Moment, als es zum Streit kommt, breche ich ab. Ich frage die Kinder: „Was ist denn da jetzt wohl passiert?" Die Kinder dürfen ihre Ideen äußern. Danach sage ich: „In der Geschichte, die ich euch heute mitgebracht habe, geht es	Dem Prinzip der Anschauung wird ein weiteres Mal entsprochen. Außerdem wird das Lernprinzip der Lebensnähe umgesetzt.	
Die Kinder reflektieren die Szene und stellen		Hier wird das Prinzip der Aktivität umgesetzt, weil die Kinder aktiv in die Überlegungen mit einbezogen werden. Außerdem greift hier das Prinzip der Teilschritte.	~5 min.

Hypothesen auf, wie die Szene weitergehen könnte.	um etwas ganz Ähnliches. Wir schauen mal, ob ihr recht habt".		
	Überleitung zum Hauptteil:		
Hier kann das Vorwissen der Kinder überprüft werden.	Ich erkundige mich zunächst, ob sie noch wissen, was ein Kamishibai ist. Wissen sie es nicht mehr, erkläre ich es ihnen. Dann erkundige ich mich nach dem Begriff Autor, welchen die Kinder sicherlich erklären können. Ich nenne die Namen der Autorinnen und erzähle, dass diese für Vorschulkinder, wie sie es sind, eine ganz besondere Ge-	Hier findet das Prinzip der Teilschritte wiederholt Anwendung, da dem nächsten Lernschritt eine Erklärung vorausgeht.	~3 min.
Idealerweise schaffen hier die Kinder bereits einen ersten Transfer von der gespielten Szene zum möglichen Inhalt der Geschichte.	schichte geschrieben haben. „Erinnert euch an das, was ich eben mit den Puppen vorgespielt habe. Was könnte das wohl für eine Geschichte sein?" Mit dieser Frage möchte ich wiederholt die Kinder dazu animieren, Ideen und Hypothesen zu nennen.	Durch die Wiederholung wird sowohl das Prinzip der Übung als auch das Prinzip der Aktivität umgesetzt.	
Die Kinder sollen mit dem Äußern ihrer Vorschläge auf die Geschichte neugierig gemacht werden.	Dann werde ich das Kamishibai öffnen und die erste Bild-	Das Prinzip der Freiwilligkeit wird hier berücksichtigt.	

karte wird sichtbar.

Hauptteil

Auf der ersten Bildkarte werden die Akteure der Geschichte mehr oder weniger vorgestellt. Die Szene spielt im Garten von Leos Zuhause. Klara darf ihn heute besuchen und beide spielen ausgelassen mit Leos Hund Balu…

Ich erfinde das Alter der beiden und lege fest, dass sie bereits fast sechs Jahre alt sind, also Schulanfängerkinder. Das soll bei den Kindern eine Assoziation mit der eigenen Person bewirken. Ich lasse den Kindern ausreichend Zeit, das Bild zu betrachten. Ob und wie oft ich Impulsfragen stelle, entscheide ich situativ. Damit sie den Bezug zu ihrer eigenen Lebenswelt herstellen können, erkundige ich mich, mit wem sie zuhause oder auch im Kindergarten spielen. Das Interesse an ihrem Leben soll einen emotionalen Zugang ermöglichen, der für die SPA heute von großer Bedeutung ist.

Die zweite Bildkarte zeigt bereits Leos Zimmer. Auch hier

Mein Ziel ist es, mit den Kindern ins Gespräch zu kommen. Das schafft Vertrauen und weckt die Sprechfreude.

Das Lernprinzip der Anschauung wird hier aufgegriffen und kann nun durchgängig umgesetzt werden. Darüber hinaus fließt von nun an das Prinzip der Lebensnähe ein.

~5 min.

31

Die Kinder beschreiben zunächst das Zimmer auf dem Bild und in der Folge ihr eigenes Zimmer.	haben die Kinder ausreichend Zeit zum Betrachten. Sie sollen sich auf das Bild einlassen können und danach beschreiben, was sie sehen. Ich erkundige mich nach dem Aussehen ihres Zimmers zuhause und stelle wiederholt den Bezug zu ihrer Lebenswelt her. Auch die Gefühlslagen, die auch anhand der Mimik und Gestik von Leo und Klara zu erkennen sind, sollen beachtet werden. Hier werde ich den Impuls durch gezielte Fragen setzen (diese Methode werde ich im Übrigen durchgängig beibehalten).	Das wiederholte Fragen und die wiederholten Interpretationen der Kinder entsprechen dem Prinzip der Übung.	~ 5 min.
Die Kinder beschreiben die Gefühle von Leo und Klara. Sie deuten Mimik und Gestik.	„Was geschieht hier jetzt wohl? Wie schauen sie denn?". Die Kinder dürfen ihrer Interpretationsfreude freien Lauf lassen. Sind sie mit ihren Ausführungen am Ende, frage ich, ob wir mal schauen wollen, was der Autor zu diesem Bild geschrieben hat. Danach erscheint Bildkarte Drei: Leo hat das Zimmer verlassen und Klara tut etwas, was sie nicht hätte tun dürfen…		
Die Kinder sind gespannt auf die Ausführungen des Autors, die Neugier bleibt erhalten.	Die Vorgehensweise ist nun immer die Gleiche. Wichtig ist, dass den Kindern durchgängig viel Zeit eingeräumt wird, um sich auf die Bilder einlassen zu können. Merke ich, dass sie Schwierigkeiten mit der Bildabfolge haben,		~ 5 min.

Die Kinder interpretieren die Bilder, beschreiben die Stimmungslagen von Leo und Klara, spielen Szenen nach und drücken eigene Ideen und Erfahrungen aus.	ziehe ich bereits besprochene Bildkarten unterstützend hinzu. Hier können auch die Puppen eingesetzt werden und Szenen nachgespielt oder auch zur Interpretation genutzt werden. Ein Beispiel sei genannt: Leo und Klara streiten sich. Was könnten sie wohl zueinander sagen? „Spielt das doch mal mit den Puppen vor, bitte!" Der Fokus beim Besprechen und Interpretieren sollte aber immer darauf liegen, dass die Kinder die Gefühle von Klara und Leo beschreiben und den Transfer schaffen zu ihrer Lebenswelt. Ich werde sie nicht unterbrechen, wenn sie Beispiele erzählen oder vorspielen möchten und ähnliche Erlebnisse schildern, sondern werde versuchen, immer wieder den Autor ins Spiel zu bringen. Ich kann mich auch beteiligen, in dem ich sage: „So etwas ähnliches ist mir, als ich ein Kind war, auch passiert, da war ich auch „stinksauer" …" Ich begebe mich sozusagen auf Augenhöhe. So kann ich die „Richtung" beibehalten, ohne dass sich die Kinder unterbrochen fühlen.

Ab der Bildkarte Acht geht es um Lösungsmöglichkeiten, die bei einem Streit eingesetzt werden können. Idealerwei- | Der Einsatz der Puppen greift das Prinzip der Kindgemäßheit auf sowie das Prinzip der Aktivität. Darüber hinaus wird intensiv das Prinzip der Lebensnähe umgesetzt.

~20 min. |

		~5min.
Die Kinder benennen Lösungen, wie man vom Streit zur Versöhnung kommen kann.	se haben die Kinder viele Ideen, die wir gemeinsam besprechen können. Die letzten beiden Bildkarten zeigen, dass sich beide wieder vertragen haben. Den Weg dorthin versuche ich mit den Kindern zusammen, herauszufinden. Schluss Nachdem die letzte Bildkarte betrachtet wurde, werde ich mit den Kindern besprechen, wie man sich also bei einem Streit verhalten kann, wie man den Streit eventuell verhindern kann. Mit den Puppen wird die Szene vom Anfang nochmals nachgespielt. Die Kinder dürfen nun mit ihren Lösungen das Ende der Szene gestalten. Idealerweise sozial kompetent und empathisch. Wir vereinbaren abschließend, dass wir uns auch im Kindergarten so verhalten, dass wir gut miteinander leben können, auch wenn wir mal streiten. Denn Streit gehört zum Leben dazu, man muss sich nur wieder vertragen können.	Hier wird nochmal das Prinzip der Aktivität verdeutlicht.
Die Kinder stellen die Szene, die für den Einstieg genutzt wurde, mit dem entsprechenden Ende nach.	Ich lobe die Kinder für ihre tollen Ideen und gebe die Rückmeldung, dass wir heute wieder ein tolles Team waren und es mir mit ihnen „supertoll" im Kinderkino gefallen hat.	Die getroffenen Vereinbarungen und Regeln entsprechen dem Prinzip der Freiwilligkeit. Diese Aussage dient der Wertschätzung

34

Die Kinder verabschieden sich von meinem Lehrer und wir begeben uns in die Küche, wo ich für alle Popcorn und Getränke bereitgestellt habe. Genauso, wie man das im Kino macht. ☺	der Kinder und stärkt sie in ihrem Selbstbewusstsein. Ihre hohe kognitive Leistung wird gewürdigt, das stärkt sie in ihrem Selbstwertgefühl. ~ 2 min.

7. Anlagen

Die Anlagen wurden aus urheberrechtlichen Gründen von der Redaktion entfernt.

Lightning Source UK Ltd.
Milton Keynes UK
UKHW011820091221
395377UK00001B/233